Revelações Dum Profeta

Revelações Dum Profeta

ALDIVAN TORRES

Canary Of Joy

CONTENTS

1 | 1

Revelações dum Profeta
Aldivan Torres
Revelações dum Profeta

Autor: Aldivan Torres
©2020-Aldivan Torres
Todos os direitos reservados
Editora: Canary Of Joy
Direitos do livro adquiridos.

Este livro, incluindo todas as suas partes, é protegido por Direito de autor e não pode ser reproduzido sem a permissão do autor, revendido ou transferido.

Aldivan Torres é um gênio da raça humana. Formado em tecnologia espacial e sensitivo, busca na literatura uma forma de evolução humana. Precisamos alcançar o espaço da nossa mente fervilhando em busca de emoções humanas. Há sempre algo a aprender ou ensinar. Somos gêneros humanos em evolução totalmente pronta para sermos felizes.

"Não se perturbe vosso coração. Credes em Deus, crede também em mim. Na casa do meu pai há muitas moradas. Se não fosse assim, eu vos teria dito. Preparar-vos-ei um lugar. E quando eu for e vos tiver preparado um lugar, irei novamente e vos levarei comigo, para que, onde eu estiver, estejais vós também. Para onde vou, conheceis o caminho.

Tomé lhe disse: senhor não sabemos para onde vais e de que modo podemos conhecer o caminho? Jesus respondeu: sou o caminho, a verdade e a vida. Ninguém vem ao pai senão por mim. Se me conhecês-

seis, conheceríeis também meu pai; agora já o conheceis e o tendes visto".

Conversa com o pai

Em algum lugar do sertão de Pernambuco, Aldivan Torres, vulgo: filho de Deus, Divinha, Emanuel, Messias, vidente e pequeno sonhador encontra-se em estado conflitante. Tudo na sua vida encaminhava-se para a consagração dos desejos e poderes. De encontro a isto, opunha-se a inveja, a perseguição, as calúnias, os falsos amigos e a sua própria inquietação. Resultando num conflito em geral circulando por seu corpo, alma e coração. No intuito de acalmar-se, chega o momento de falar com seu pai em determinada hora do dia.

Ele encontrava-se no terraço de sua residência de onde pode contemplar as estrelas e os astros visíveis, pois era noite. Neste exato dia, estava decidido a falar francamente com aquele que o gerara nos tempos primórdios. Uma conversa entre pai e filho.

Certificando-se com seu sexto sentido que não havia ninguém por perto, ele senta no chão duro e liso feito de cimento, areia, água e argamassa. Usando de sua mente poderosa, desperta o espírito de Javé que habita em todos os lugares. Começa então a comunicar-se:

— Pai, meu pai, eu preciso de tua palavra. Sinto-me constrangido e confuso ainda em relação à minha estada na Terra. Não seria o momento de revelar-nos completamente ao mundo? Meu espírito teima por isto e solicito vossas orientações.

Segue-se um momento de silêncio. Em sequência, uma nuvem branca desce do espaço e vai descendo lentamente até o jardim da casa do Aldivan. A uma distância alcançável, alguém desce da nuvem e começa a falar com o Filho de Deus.

— Divinha, filho meu, eu o conheço e o compreendo completamente. Você é meu filho sabe, tem a consciência divina e o livre arbítrio. Aceitarei sua sugestão porque te amo. Se você quer tocar os humanos, então eu permitirei. E assim será feito.

— Pai, vos me fizestes tão grandioso que posso pôr eu mesmo definir o futuro do universo, o das pessoas e o meu. Eu só te consultei como um símbolo de respeito e de obediência e para que a humanidade reconheça minha humildade.

— Sim, é justo. Eu o criei. A partir de agora, entrego-lhe completamente meu dom para que acabes com os estereótipos. Estou farto de fanáticos e falsos profetas que distorcem minhas palavras e meus mandamentos, "Eu não sou este Deus que eles pintam, somente vós conheceis profundamente minha vontade, meu poder e minha alma. És meu filho amado e a nossa força transformará o mundo. Faremos as pessoas refletirem um pouco mais sobre seus atos e a vida em geral.

— Sim, meu pai. Também estou farto daqueles que usam a religião para amedrontar os outros e ganhar dinheiro. Eu não permitirei que estes enganadores façam festa no céu, pois o meu reino é destinado aos justos e aos pobres pecadores redimidos.

— Então assim seja. Cumpra com sua missão, mostre as nossas palavras e conquiste o mundo. Quanto a mim, estarei sempre ao seu lado, diariamente de sua vida. "As portas do inferno não prevalecerão sobre ti assim como prometi".

— Eu o amo.

— Eu te amo como a mim mesmo. Agora preciso resolver negócios urgentes.

— Vá em paz!

O espírito de Javé retorna para a nuvem e em questão de segundos ganha o espaço. Agora o filho de Deus estava plenamente convicto da sua decisão. Saindo do terraço, adentra na casa, passa por duas salas, volta ao seu quarto, senta na cadeira junto a escrivaninha, liga o computador e abre o programa de digitação. Pronto, "A palavra revelada" Começa a desenhar-se aqui.

O início da caminhada do homem na Terra

Deus e seus filhos existem desde sempre, são consubstanciais entre si em plena comunhão. Já o universo como conhecemos surgiu a cerca de quinze bilhões de anos e o planeta terra há cerca de apenas cinco bilhões de anos.

No começo, a terra era apenas uma bola de gases e poeira que girava em torno do sol. Com o passar do tempo, os elementos foram reunindo-se, a temperatura e a pressão diminuíram, a crosta terrestre e a água foram tomando forma além das camadas, possibilitarem a vida.

O surgimento dos primeiros organismos ocorreu no mar, sendo os seres desta época pequenas esferas protegidas por membrana em ponto de dividirem-se. Com a evolução do tempo, uniram-se a outros seres vivos surgindo os mecanismos da reprodução e fotossíntese. Após um longo período, veio a colonização da superfície com o surgimento de plantas e animais terrestres.

Especificamente o homem, surgiu a cerca de dois milhões de anos na região que hoje engloba parte da África, Ásia, Europa, Indonésia e Oceania e diferentemente do que se acredita o homem nunca foi completamente bom. Javé Deus criou no homem a dualidade luz e trevas dando-lhe livre arbítrio desde sua criação. Ele fez isso pelo seu grande amor à sua criação, criou o homem livre e a sua imagem e semelhança.

Um fato também importante refere-se ao fato da criação. Javé Deus, meu pai, no início não criou apenas um homem e uma mulher num paraíso mitológico. A criação foi múltipla, gerando um homem e uma mulher em cada etnia e raça. No futuro, estes seres acabaram encontrando-se gerando descendentes mestiços. Desde o início, o homem teve a liberdade e a inteligência necessárias para desbravar o mundo. Então é sem sentido colocar como o início da criação e uma mulher presos num paraíso e muito menos responsabilizar a mulher ou uma cobra pelo surgimento do pecado até porque a noção de pecado é relativa, variando de pessoa para pessoa. A dualidade é inegável. Porém, alguns seres iluminados evoluíram tanto que chegaram ao ponto de anular sua parte negativa. São os famosos santos, mas não os eleitos pelos homens e sim pelo meu pai que pesa os corações e conhece a todos. Meu pai certamente dará exatamente o justo como recompensa aos homens pelo seu trabalho na terra. Cada qual terá o lugar que merece.

Meus irmãos, eu os queria dizer também que não se deixem levar por boatos ou pré-conceitos. Tudo o que vemos hoje exceto a revolução cultural e o científico-tecnológica, já existia antes a exemplo da ignorância, intolerância, medo, vergonha, regras sociais, opção sexual distinta entre outros fatores. Do homem erectus ao homem moderno houve uma evolução em contextos já citados, mas em outros a situação permanece a mesma. O mesmo exemplo pode ser usado para o meio ambiente em que vivemos. Muitas vezes nós nos admiramos com fenômenos nunca dantes vistos por nós. Contudo, estes mesmos fenômenos já ocorreram em tempos passados e os antigos o perceberam. Por isto é verdadeiro o ditado que diz: "Na terra nada se cria, tudo evolui e copia-se em ciclos alternados." Isto é o básico que queria falar para vocês quebrando crenças e estereótipos.

A questão da maldição de Javé

Meu nome é Aldivan Torres também conhecido como vidente, Divinha, filho de Deus, pequeno sonhador e homem da gruta. Sou o filho espiritual do Senhor assim como as outras pessoas enquanto Jesus é o filho corporal. Nós dois, O pai, o espírito santo, os seres da luz incluindo homens e anjos deste mundo representamos o bem. Esta força benigna está à disposição de qualquer um e pode tornar o impossível possível. Basta ter fé em nosso nome.

Quero esclarecer alguns pontos importantes sobre as maldições atribuídas ao ser e nome santo de meu pai. Primeiramente, Javé não julga nem condena ninguém. Cada qual neste mundo é unicamente responsável por seus atos e as consequências advindas de sua escolha. Portanto, os crimes, a falsidade, os sofrimentos, as discussões, os acidentes, o inesperado e o destino são completamente independentes da vontade do meu pai. Apesar de ser supremo em tudo, ele nos deixou completamente liberados em nossas faculdades. Segundo, Javé Deus sempre acredita no ser humano e por mais que ele esteja no fundo do poço ele sempre espera uma reconciliação e o perdão respectivos. Eu também acredito na humanidade e a amo mesmo com todos os seus defeitos.

Resumindo, Deus não joga maldição nem sina ruim para seus filhos por ruins que sejam. Caso leiam algo sobre isso, desconsiderem porque não vem dele. Meu pai é um ser perfeito e está cheio de amor para dar a seus filhos. Portanto, não temam irmãos! Permaneçam na senda do bem e caso estejam afastados façam uma mudança de vida porque não há coisa melhor no mundo do que ter paz e felicidade na terra e pós-morte. Aliás, a morte propriamente dita não existe. Somos transformados e glorificados naquele que nos edifica e redime. Amém!

A arca e o dilúvio como simbologias.

Num tempo atrás, a terra sofreu uma grande catástrofe universal indiscutível do ponto científico e relatado filosoficamente em diversas culturas. Nosso planeta foi coberto com água e grande parte dos seres terrestres sucumbiu. No entanto, uma questão fica: O que Javé Deus tem a ver com isso?

Analisando este fenômeno histórico importante, tenho algo a dizer: O Deus que creio e adoro que se designa como meu pai não é seletivo. Para ele, todos os humanos são iguais, o que os diferencia são seus valores, inteligência e capacidade. Então ele de nenhuma forma teria escolhido um humano a sobreviver em detrimento dos outros porque ele tem características de bondade, sabedoria e justiça. Também ele não foi o responsável pelo dilúvio por conta do pecado humano. Deus pai em sua sabedoria criou a terra e outros astros independentemente de forma que tudo o que acontecer neste ambiente é apenas consequências de eventos naturais dos quais ele não tem responsabilidade nenhuma.

Como podemos ver então as lendas humanas sobre este tema a exemplo da epopeia de Gilgamesh e o relato bíblico? Devem ser vistas como um sinal. Noé é o bom justo que devido a suas obras são escolhidos por Deus para ser salvo de um Martírio Universal o qual pode ser interpretado na relação planta-colheita, que é inclusiva, ou seja, desde que o homem siga os preceitos do criador é escolhido para uma salvação, socorro este aberto a todo e qualquer ser humano.

Javé não é um Deus carrasco que te julga ou que fica apontando vossos pecados. Ele quer ser descoberto gradualmente e se você irmão abrir-se à sua luz e acreditar em seu nome ele poderá transformar sua vida em plena alegria. Porque ele está disposto a entendê-lo, a apoiá-lo e ajudá-lo em tudo o que for necessário fazendo de ti um Noé, o homem salvo das tempestuosas forças do destino. Que assim seja!

A aliança de Deus com os homens.

No início da vida na terra, encontravam-se Javé Deus, seus filhos e os primeiros humanos. Mesmo invisíveis, os espíritos da luz orientavam a humanidade em todos os sentidos. Então foi feita uma primeira aliança entre eles.

Os mandamentos principais que Javé Deus entregou-lhes foram: amar a Deus sobre todas as coisas assim como amarem-se uns aos outros; não caluniar, ofender ou difamar o outro; ser tolerante; não cultivar a inveja, orgulho, ódio ou ira; não roubar; não perverter o direito do órfão e da viúva; não praticar usura; em vez de emprestar, dê de bom grado; praticar o respeito, o tratamento de igualdade, ser justo e honesto; acreditar sempre, dar bons conselhos, ser exemplo de amigo pai, mãe, companheiro, esposo ou filho; acolher e tratar bem os que estão em idade atacante, nunca se negar a ajudar sempre que for possível; não se justificar, ser leal, sincero e fiel em suas relações, ser mais humano dando exemplo para os demais; ter personalidade, humildade, paciência e dedicação em seus projetos; nunca desistir dos sonhos nem deixar de lutar, pois, tudo posso naquele que me fortalece.

O momento simbólico de entrega destes mandamentos foi na Montanha ao humano Moisés, depois veio Jesus para dar cumprimento e solucionar questões pendentes na lei. Começou aí uma nova era para a humanidade redimida.

Posso dizer que também sou um deles, sei que vim de muito longe para ensinar a uma humanidade cada vez mais distanciada de Deus. O objetivo é que acordem para esta nova realidade, sigam os mandamentos que todas as outras coisas serão acrescentadas. Não se preocupem com o futuro, com o que vestir ou em relação à comida, pois são os pagãos que procuram isso por desconhecimento de Javé. "Eu Sou" garante a vós um futuro pleno em seu reino".

A pequenez do homem e a grandiosidade de Deus

Tudo o que existe e tudo o que há de existir só pertencem a Javé e seus filhos. Ele, em sua grandiosidade, que inclui onipotência, onipresença e onisciência quis pelo seu grande amor partilhar de sua glória com os mortais e imortais. Na esfera Terrestre, foram criados múltiplas dimensões e múltiplos seres com o objetivo de realizar trabalhos necessários à boa ordenação do planeta e de quebra conquistar sua própria felicidade.

No plano carnal, o homem ocupa atualmente o papel principal na coordenação do planeta. Infelizmente, com o avanço da civilização e conquistas, este acabou em sua maioria tornando-se autossuficiente, ou seja, um falso Deus independente. Este fato é como uma venda em seus olhos impedindo-o de enxergar o que ele realmente é. Eu vos digo irmãos, não há ninguém neste planeta que possa chamar-se de grande. Todos compartilham da fraqueza da carne e estão expostos à criminalidade, às doenças oportunistas, a calamidades, a contratempos, a fracassos, a sofrimentos, a decepções, ao medo, ao inesperado, ao azar e a própria morte corporal. Como então conviver com estas possibilidades e ser feliz na Terra?

Respondendo à pergunta acima, as questões devem ser entregues a meu pai. Basta ao homem realizar seu "mister" e cultivar os bons valores já citados que a bênção respectiva vem dos céus. O homem deve reconhecer sua pequenez e crer firmemente em um único Deus capaz de realizar o impossível. Ao contrário, o orgulho destrói o homem e o afunda num poço sem saída. Quando o homem quiser ir além de suas faculdades e investigar mistérios discutíveis, Deus mudará as condições e nunca se achará resposta. O ser humano é fraco, tem limites e só se torna grandioso na fé junto ao pai que proporciona as vitórias. Por isto, irmãos, sejamos humildes e busquemos o reino do pai em primeiro lugar. Ele deseja do fundo do coração o seu sucesso.

A promessa que liga a criatura e o criador.

Tudo na vida tem um porquê e uma razão, absolutamente nada é por acaso. Assim também é com a humanidade. Cada qual que vem para este planeta, lugar de expiação e provas, tem uma missão a cumprir. Assim acontece com todos. Grandes ou pequenos, temos uma função no planeta vital para o prosseguimento da vida.

Entender o que Deus requer de nós e cumpri-lo fielmente é um grande obstáculo para todos. As muitas dificuldades impostas no caminho fazem muitos desistirem de sua própria personalidade e cair na corrupção e fracasso. O que fazer para corrigir isso e superar? Tem um ditado muito sábio que diz: "Deus escreve certo por linhas tortas". Reforçando este ditado, temos que cumprir nosso papel, orar para o pai com sinceridade solicitando o cumprimento de sua promessa em nossa vida. Javé Deus é soberano, anima a alma humana, e certamente o que está escrito acontecerá. Contudo, "Faça tua parte que o ajudarei", é outro ditado que complementa o primeiro e tem todo o sentido.

Exemplificando o texto acima, falarei da minha experiência pessoal. Comecei a escrever entre os anos de 2006 – 2007, um texto básico de auto ajuda que digitado deu exatamente trinta e sete páginas. Neste mesmo ano, iniciei o meu curso de graduação superior e um trabalho no serviço público. Naquele momento, vinha de uma situação pessoal e financeira muito complicada. No lado pessoal, vivera "Uma noite escura da alma intensa e perigosa" a qual quase me fez sucumbir por completo.

Na questão financeira, eu não tinha dinheiro para nada, nem para comprar uma simples apostila (Que auxiliasse em concursos públicos) nem muito menos um computador que era meu sonho.

Comecei a digitar meu livro nas horas de folga de trabalho, pois não tinha outra opção. Em dois meses estava concluído. Foi nesta época também que saí do emprego por motivo de força maior e dediquei-me somente a faculdade. Concluído meu livro, o enviei a uma editora comercial e esperei o prazo de resposta.

Três meses depois, junto do livro veio uma carta polida e gentil, onde descartavam a publicação. Foi meu primeiro choque e fracasso literário que abalou muito minhas estruturas. Sem saída, concentrei-me apenas nos meus estudos e parei de escrever. Naquela época, não havia nenhuma possibilidade de tornar-me escritor.

Foi neste momento de incertezas que as forças do bem agiram misteriosamente. Em duas oportunidades, tive a prova necessária que meu sonho ainda era possível. Saindo da faculdade, com meu pequeno livro na mão após ter mostrado a alguns colegas, recebi a seguinte mensagem por parte de Javé, meu pai: "Aldivan, não te preocupes. Você ainda vencerá. Serás "o vidente", o cara mais respeitado na literatura". Esta notícia para mim, foi um choque naquela época. Primeiro, porque não entendia a abrangência da mensagem: vidente? Como assim? Eu escrevera apenas um único livro e mesmo assim foi rejeitado. Não fazia sentido.

A segunda parte da mensagem foi revelada quando cheguei da faculdade no meu querido povoado. Estava eu passando pela praça central quando, em dado momento, entrei em êxtase. Em questão de segundos, pude ver vários títulos de livro, os anjos cantando e no final a frase: "O filho de Deus conquistará o mundo". Também não fazia sentido algum, naquele momento, pois estava completamente sem perspectivas por conta dos meus problemas. Porém, eu tinha que crer em minha vitória mesmo que demorasse, pois, a promessa vinha de Javé e era indiscutível.

O tempo passou um pouco. Consegui escrever uma biografia-romance nos idos de 2009 no período de férias. Eu ainda não tinha computador. Então guardei carinhosamente o manuscrito e a vida continuaram. Terminei a faculdade, comprei um computador em 2011 com minhas economias, digitei o manuscrito e ele foi aceite e publicado no ano de 2011.

Mesmo assim, a situação ainda não era boa. Realizara o sonho de publicar um livro, mas nem conhecia o mercado editorial, as formas de publicação e divulgação além das condições financeiras ainda serem péssimas. Tive que largar meu sonho uma segunda vez e dedicar-me a concursos públicos.

Com uma grande dedicação de minha parte, passei num concurso público com salário razoável. Tomei posse com quase trinta anos. Graças a Javé, eu agora tinha mais perspectivas de concretizar meus sonhos. Cinco meses depois, reacendeu minha esperança e voltei ao trabalho de escritor. A partir daí, não parei mais.

O serviço público me proporciona uma certa segurança para que nas horas vagas eu possa escrever. Hoje, estou com mais de dez obras concluídas. Aquele primeiro livro, escrito em 2009 cujo título é "Forças Opostas", o primeiro título da série "o vidente", já foi traduzido até o momento para a língua Italiana, Francesa, inglesa, russa e espanhola. Então é o começo da concretização das promessas de Javé para minha vida, a conquista do mundo.

Resumindo, devemos crer em Deus e em suas promessas, pois ele é capaz disso e muito mais. Bendito seja meu pai espiritual!

O perigo da mentira

Javé Deus é o nosso verdadeiro pai, carinhoso e prestativo que espera o melhor de nós. De modo a seguir o seu caminho de luz, devemos manter uma integridade e idoneidade acima de qualquer prova. Dentre os requisitos necessários, está a forma como nos comportamos. Uma coisa que Deus não suporta é o fato da mentira.

Independente das consequências causadas, a verdade tem que ser praticada sempre em todas as situações. Com a verdade, podemos ser respeitados e admirados pelo que realmente somos. Como diz a ditado, a verdade nos liberta de todo o pecado.

Um exemplo de que a mentira só causa danos a nossa vida é o exemplo bíblico de Abrão e sua esposa. Sarai em sua mudança para o Egito quando houve uma grande carestia em seu país. Pelo fato de sua esposa ser bonita e ter medo da morte, Abrão combinou de apresentá-la como sua irmã aos egípcios. Assim o fez. O resultado foi que sem o conhecimento da verdade, ela foi levada para o palácio do Faraó e foi tomada como esposa. Depois, quando se descobriu a verdade ele foi expulso com ela do país dando um exemplo nítido de que a mentira tem perna curta e só provoca discórdia.

Portanto, a verdade é uma virtude imprescindível para o homem que quer um relacionamento sincero, sério e duradouro com Deus. Pratiquem sempre este e outros valores benéficos.

A questão do Dízimo

Assim diz Javé: "Que o homem trabalhe e lute pelos seus objetivos que eu o abençoarei. De tudo que eu lhes der, separe dez por cento e retribua como oferta. Fazendo assim, eu vos abençoarei ainda mais e sua felicidade será multiplicada". A questão do dízimo é indiscutível e exemplificada em vários exemplos bíblicos. A diferença é a forma de lidar-se com este tributo. Primeiramente, temos o livre arbítrio de decidir se queremos ou não contribuir. Muitas pessoas realmente não têm o suficiente para a própria subsistência e então Javé Deus, meu pai, há de compreender. Em relação aqueles que tem boas condições financeiras, é muito bom cumprir este requisito. Contudo, não o faça por obrigação. Contribua com o dízimo para retribuir de alguma forma o favor do criador que se mostra continuamente em nossas vidas.

Outra questão pertinente a este respeito diz respeito a destinação deste tributo. A quem devemos destinar os dez por cento do dízimo? Se você pensou em sua Igreja, é uma opção sua, mas não é a única. Devemos analisar em que aplicar este valor cuidadosamente e no meu caso escolho parentes ou familiares que necessitam de ajuda. Sinto-me feliz em ajudá-los e de quebra cumpro a minha obrigação do dízimo. Outra vantagem é que sei exatamente em que meu dinheiro será gasto e isto me deixa mais tranquilo. Não tenho nenhuma confiança em certos dirigentes de instituições que muitas vezes usam o dinheiro para proveito próprio. Portanto, use bem o dinheiro do dízimo e não obrigatoriamente na via religiosa, pois meu pai não necessita de nada material. Ele existe por si mesmo sendo onipotente, onisciente e onipresente. Tenham mais fé, irmãos!

Cumprir o papel com submissão.

Os reinos espirituais e material em que os seres foram criados estão estratificados em diversas classes que em conjunto formam a hierarquia deles. A hierarquia é e sempre será necessária para o bom ordenamento das coisas em sua forma ampla.

Seja qual for seu papel, irmão, desempenhe suas atribuições com presteza, qualidade, eficiência, gentileza, educação e honestidade. Você se sentirá útil para a sociedade, para si mesmo e para o pai bendito. Sim, grande será sua recompensa aqui na Terra e nos reinos celestes.

No reino de meu pai, todos serão tratados com amor, respeito, carinho, compreensão e suas causas serão prontamente atendidas. Basta reconhecer sua limitação, ter respeito e adoração pelo pai, cumprir suas leis e ter fé em seu nome. Nada de mal irá lhe acontecer e sua felicidade está garantida. Nunca mais haverá dor, decepção, morte ou sofrimento. Assim diz Javé: "os justos brilharão como o sol no meu reino".

Assim seja!

A circuncisão de espírito

Javé Deus estabeleceu a Aliança com o humano Abraão nos seguintes termos: "Circuncidem a carne do prepúcio. Este será o sinal da aliança entre mim e vocês. Quando completarem oito dias, todos os meninos de cada geração serão circuncidados; também os escravos nascidos em casa ou comprados de estrangeiros, que não sejam da raça de vocês". (Gênesis 17,11-12)

A circuncisão proposta por Javé era apenas um sinal da aceitação de seu projeto que naquele momento englobava Abraão e seu povo. Nada mais do que isso. Semelhantemente a uma aliança num casamento ou qualquer acordo entre partes.

Com a vinda de Jesus a terra, ficou claro que a circuncisão mais importante é a circuncisão de espírito onde o ser humano tem que despojar-se dos pecados e renasce como homem novo. Devemos cumprir os mandamentos entregues a Moisés e os ensinamentos propostos por Cristo e ainda aplicá-los de acordo com a evolução da sociedade a qual mudou bastante nestes últimos dois milênios. Tudo se resume em: amar *a Deus sobre todas as coisas, ao próximo como a ti mesmo e faça aquilo que os outros gostariam que fizessem com você*. Agindo assim, a paz de Javé há de acompanhá-lo onde quer que vá.

O nosso Deus é o Deus do impossível.

Deus é muito grande. Seus atributos são incomparáveis e incompreensíveis para a frágil mente humana. De modo a termos uma ideia de seu poder, basta dar uma olhada ao seu redor: O planeta terra em si e seus elementos maravilhosos, a nossa galáxia e a própria infinidade do universo. Tudo foi feito por ordem dele e é constantemente renovado.

Temos também exemplos bíblicos de sua capacidade: Sara que deu à luz com noventa anos, a travessia de Moisés e seu povo no mar vermelho, as pragas contra o Egito, o profeta que foi trancado com os leões e ficou são e salvo, os servos que foram jogados no fogo e não sofreram nada, a baleia que engoliu Jonas, mas não o digeriu, os ensinamentos de Jesus e seus milagres. Além de tudo, sou testemunha de sua ação em minha vida a qual me libertou de uma noite escura da alma profunda.

A ciência de Deus ultrapassa a compreensão humana e deve ser respeitada. Se você tem algum problema, fale com meu pai, peça a ele e se for da vontade dele o milagre acontecerá. Agora, tem que ter a fé necessária para isso. Em verdade vos digo, "se tiveres a fé do tamanho de uma mostarda, poderá dizer a esta montanha: vá para lá e ela irá. Nada será impossível para vocês." (Mat. 17,20,)

Amém!

O justo e a relação com a salvação de Javé

Javé Deus, meu pai, é um ser perfeito em seus atributos. Por ser perfeito, ele procura seguidores à altura nas dimensões existentes. A terra é um planeta de baixa evolução, chamado tecnicamente de mundo de expiação e provas e que se encontra num momento degradante. A atualidade demonstra uma humanidade dispersada, transviada e extremamente materialista. Hoje, valemos pelo poder político e financeiro que temos e não pelo que somos. Isto é um desvio que se propaga cada vez mais.

Eu vos digo, irmãos, eu e meu pai pensamos diferente. Procuramos a exceção, queremos homens e mulheres que se comprometam com a verdade, a dignidade e a honradez. Buscamos o valor da alma humana que é demonstrada nos pequenos e grandes atos: na humildade, na caridade, no trabalho, na tolerância, no perdão, na compreensão, na amizade, no respeito, na cumplicidade, na sinceridade e no amor mútuo entre os seres. Estes são os justos e por eles o universo é mantido continuamente.

Mas Deus e nós, seus filhos, somos tão superiores que estamos sempre de braços abertos para os afundados nos vícios da carne. Mesmo sofrendo e decepcionando-se com os infiéis esperamos até o último sopro de vida por uma reconciliação. A nossa misericórdia é insondável exemplificada no exemplo de Jesus na cruz quando perdoou um criminoso. Fazemos assim o exercício mais importante do mundo: quando as portas do céu estão plenamente abertas para o humano pecador demonstrando a graça e a glória de Deus, aleluia!

Fidelidade a prova

A relação crente-Deus tem que ser baseada na confiança, verdade, fidelidade e fé. Mas existiriam limites para esta submissão e fidelidade? Vemos o claro exemplo bíblico quando javé de modo a testar o amor de Abraão pede para o mesmo subir a montanha e sacrificar seu filho em adoração a ele. Mesmo tendo um amor imenso pelo filho, Abraão aceita a proposta, sobe a montanha e no momento que vai matá-lo o anjo de Javé aparece e o impede. Deus não queria o sacrifício humano era como eu disse apenas um teste de fidelidade. Javé, meu pai, é o Deus da vida em abundância.

Ao submeter-se prontamente a vontade do Senhor, Abraão tornou-se exemplo de coragem e total entrega aos desígnios do criador. Esta sim, deve ser a nossa relação com Deus: Uma troca mútua onde o ser humano entrega-se corpo e alma a sua missão independentemente dos resultados ou exigências necessárias. Cumpre-se assim o maior mandamento de todos: "Amar a Deus sobre todas as coisas". Ao pai toda honra, glória e adoração sempre.

A escolha do homem e a escolha de Javé.

Desde que o mundo é mundo, e desde que a vida se iniciou, o homem caminha na terra predestinado. Como citado anteriormente, temos o livre arbítrio que é uma das forças transformadoras do amanhã, mas não é a única. Especialmente aos servos da luz, há linhas escritas no alto dos céus que se cumprem na terra mais cedo ou mais tarde. A esta força podemos chamar de destino.

Integrar-se a este destino e submeter-se à vontade soberana do criador é uma virtude que tem quer ser praticada. Tudo caminha na terra para a solução dos problemas e bendito é o homem que sabe percebê-las e aceitá-las. Tudo provém de Javé e com nossos esforços podemos viver o melhor possível. Alcançaremos a paz, a prosperidade e a felicidade na terra e na vida espiritual os cargos e os lugares correspondentes às nossas obras. Cumpre-se assim o seguinte ditado: "O justo é sempre feliz".

A atitude que Deus quer.

Há duas categorias de homem: um mais rude, machista, violento e autoritário; outro, mais delicado, humilde, tranquilo e educado. Para o primeiro, é reservado os trabalhos de força e para o segundo os trabalhos referentes à Inteligência. Javé Deus prefere o homem que se compromete com sua causa, que seja humano, dedicado, fiel e humilde como o claro exemplo de Jesus. Aos violentos, não lhes é dado o reino de Deus e seu favor. Meu pai tem predileção especial com os pobres de carne e espírito, pois na fraqueza mostra-se a força.

Jesus homem-Deus nos ensinou em sua estada na terra com seus vários exemplos o que Deus requer de nós. Primeiramente, é necessário entrega e renúncia as coisas do mundo. Em seguida, pegar sua cruz e entregar ao pai com fé e esperança. Além disso, devemos sempre lutar em prol dos menos favorecidos e pecadores. A quem dar mais, é retribuído muito mais em sinal de gratidão.

Não por acaso os dois filhos de Deus nasceram pobres e mesmo crescendo na vida não perderam a humildade. Mesmo sendo reis, suportaram o peso de ser servos o tempo inteiro, pois como foi dito: "Quem quiser ser o maior, que sirva mais e a todos". Isto reflete claramente os desígnios de Deus e sua predileção especial pelos pequenos.

O sábio e o tolo

Há duas espécies de pessoas: O sábio que sabe aproveitar suas potencialidades e as oportunidades que a vida lhes dá e o tolo que se perde nos caminhos às vezes por besteira. Ambos são interdependentes e Inter existenciais, ou seja, uma caminha ao lado da outra.

Os muitos exemplos dados pela vida como o caso da venda da primogenitura de Esaú para Jacó por um cozido, a venda das terras indígenas a troco de bebidas alcoólicas, as trocas dum Lar por um carro refletem a tolice de muitas pessoas que não se encontraram na vida. Isto deve ser analisado como um diferencial entre o inteligente e o insensato e como é doloroso ser o último.

O insensato verá tudo o que é seu ser destruído e consumido pelo inteligente, pois como diz o ditado: "A quem tiver dois talentos e esforçar-se será dado ainda mais e para quem tem um talento e não frutifica até este lhe será retirado". Quem tiver para ouvidos para ouvir, que ouça.

Por último, independentemente de você agir como tolo ou sábio, eu reitero o que já disse: Deus a ama. A sabedoria é um dom do espírito e se você pensa que não a possui suficientemente peça e será lhe dado. A única condição que é exigida é o homem submeter-se ao criador em todos os sentidos, pois dele é que vem a resposta definitiva para seus anseios. Glória ao meu pai bendito.

O poder de um juramento.

Na vida, o homem tem que utilizar de tudo moderadamente e tentar não entrar em conflito. Um exemplo claro do que não deve ser feito é um juramento. O juramento entre dois homens ou entre o homem e Deus tem uma grande importância e uma vez feito não pode ser quebrado a não ser por prévio acordo entre as partes.

O meu conselho é que faça suas atividades sem se comprometer, mas se estiver disposto a arcar com as responsabilidades então cumpra seus contratos ou juramento. Não dê motivos para que o outro o acuse ou o desmoralize perante a sociedade, pois um homem sem palavra perde toda a credibilidade. No mais, continue seu caminho praticando as coisas do bem e que Javé Deus os abençoe.

A injustiça humana e a perfeição de Deus.

Existem dois reinos: O reino humano composto pela união dos países e o reino de Deus composto pela união das altas dimensões. O reino humano é formado por pessoas em seus diversos graus de hierarquia e pelo fato de não serem perfeitas grandes injustiças são cometidas. Muitas vezes, a vítima chega a recorrer aos tribunais e mesmo assim às vezes suas questões não são atendidas. Ocorre então que a pessoa desiste de seus sonhos e pretensões definitivamente.

Já o reino dos céus, o meu reino, o do meu irmão e do meu pai, vive uma situação diferente. Nele, todos, grandes ou pequenos, são atendidos com julgamento de causas justo. Isto ocorre porque Javé Deus é um ser perfeito e conhece exatamente o que cada um é. Portanto, não há falhas em sua análise. Se você foi injustiçado na terra, entregue sua causa a meu pai e no tempo certo terá respostas concretas. Nele, ninguém fica confundido e sua bênção estende-se de geração a geração para os justos. Continuem firmes, irmãos.

Um Deus universal

Há um costume antigo retratado em livros sagrados de chamar Javé o Deus de Israel. Eu, porém, vos digo: O meu pai é um Deus universal e é o pai de todos. Ele acolhe todos os seres humanos que creem nele independente de uma denominação a exemplo da nacionalidade ou religião.

Portanto, Javé é o Deus de Abraão, Isaac, Jacó, Sidarta Gautama, Francisco Cândido Xavier, Jesus Cristo, Maomé, dos terreiros, de Divinha e de todos que acreditam numa força maior. Que a idolatria de uma religião não os cegue e faça você pensar que há um único caminho! Deus manifesta-se de variadas formas neste planeta e não há uma verdade. Logo, respeitem quem pensa diferente de vós.

O valor da mulher

Discriminada ao longo dos milênios e ocupando um papel subalterno na sociedade antiga em todos os aspectos, a mulher tem um grande valor para o criador. Ambos, homem e mulher devem ser tratados equivalentemente em seus direitos, deveres e algumas constituições já avançaram em alguns pontos de igualdade.

Este último fato deve-se em grande parte ao movimento das feministas, mulheres valorosas que lutaram pelos seus direitos, frente ao machismo da época. O primeiro grande feito alcançado foi o direito ao sufrágio universal autorizado na Nova Zelândia em 1893. Já no século XX, houve três grandes correntes de lutas: A primeira, na década de sessenta, reivindicava igualdade de oportunidades e condições entre ambos os sexos; A segunda, na década de setenta, critica o patriarcalismo e o liberalismo; A terceira, na década de oitenta, tem como foco a valorização da experiência feminina relativo à maternidade e outros aspectos biológicos que as diferenciam dos homens. Grande parte destas manifestações foram e estão sendo contempladas ao longo dos anos o que evidencia a característica lutadora das mulheres.

Atualmente, o sexo feminino vem ganhando destaque em todas as manifestações humanas e o fato de a mulher em geral ser mais responsável, delicada e compreensiva lhe dá uma bela vantagem. Deus deseja a complementaridade homem-mulher com respeito e cooperação mútuas. Agindo assim, cumprirão o acordo biológico e avançarão de geração em geração para uma relação mais equilibrada e mais justa. Meu pai vos ama, irmãos.

O exemplo de Maria

Maria é a mãe de Deus e também nossa mãe. É conhecida assim porque através dela brilhou para os homens uma grande luz chamada Jesus Cristo. Ela mostrou-se digna deste título ao aceitar o convite do criador transmitido pelo anjo através da seguinte fala: "Eis aqui a serva do senhor, faça-se em mim segundo a vossa palavra". A partir daí, tornou-se reservatório de graças.

Maria, depois de Deus, é a nossa salvação. Quantas almas já não conseguiram ver-se livres do castigo divino por intercessão de Maria? O número delas é incontável e tende a aumentar exponencialmente apesar de vivermos num mundo atual cheio de grandes desafios. Os servos de Maria são sempre crentes e fiéis.

Maria é nossa eterna redenção. Através dela, podemos revelar nossas angústias e sofrimentos e ela entenderá, pois, também sofreu muito na terra. Um desses sofrimentos foi a crucificação de seu filho amado. Apesar disso, ela suportou e o Senhor a recompensou. Foi elevada à categoria de Rainha do Universo. Ela roga por nós junto a Deus e a seu filho Jesus.

Maria é tudo o que há de bom no mundo e revela-se em cada mulher: na dona de casa e mãe, na médica, na psicóloga, na psiquiatra, na namorada, na esposa, na amiga, na mulher de rua, na mendiga, na presidiária, enfim, no gênero homem sendo a face feminina de Deus. Se você está triste, confie em Maria. Ela te compreenderá as lágrimas e aliviará sua dor. Louvemos e exaltemos o Senhor por nos ter dado Maria como nossa mãe.

As conquistas científicas e tecnológicas

Nas últimas décadas, o ser humano conseguiu expressivos avanços e descobertas científicas e tecnológicas os quais alteraram completamente o seu relacionamento com a biodiversidade e o meio ambiente. Algumas dessas conquistas são realmente boas, pois facilitaram sua vida e seu domínio sobre a terra. Podemos citar: na comunicação (Rádio, televisor, telefone, jornal, telegrama, 'internet', etc.), na área da saúde (vacinas, descoberta e prevenção de doenças, o uso das células-tronco, mapeamento do DNA, etc.), o desenvolvimento da indústria, comércio e da agropecuária.

Entretanto, todos esses avanços direta ou indiretamente trazem efeitos colaterais catastróficos: aumento da temperatura global (Efeito estufa), fenômenos naturais intensificados (El nino, furacões, inundações costeiras, derretimento das geleiras, seca, etc.), A depredação e saque do meio natural (Desmatamento, queimadas, mineração, tráfico de animais, etc.), intervenção do ser humano na vida (Bebê de proveta, clonagem, experimentos científicos usando animais e seres humanos, transgênicos, etc.).

É importante ressaltar que o progresso é irreversível (O homem civilizado jamais renunciaria as suas conquistas). O que pode e deve ser feito é um processo de conscientização das pessoas e dos governos para que adotem e planejem modelos de economia sustentável (Que considerem os impactos ambientais como ponto preponderante). Caso contrário, as gerações futuras pagarão o preço de nossa insensatez e irracionalidade: viverão em um mundo totalmente devastado e escasso em recursos naturais o que produzirá um verdadeiro holocausto.

Estas são as recomendações de Javé Deus para seus filhos. Devemos cuidar de nosso planeta duma forma que possamos viver bem ainda por muito tempo. Basta ter consciência e fazer sua parte na economia dos recursos seja gastando menos energia, reciclando o lixo, ter racionalidade no uso da água, aproveitando melhor os alimentos, preferir produtos de empresas com selo verde, exigir dos governantes uma política séria de preservação. Enfim, ser um cidadão atuante em busca de seus direitos.

O preconceito

Existe na sociedade, ao longo dos séculos, uma visão preconceituosa e recriminável a determinados setores e grupos considerados diferentes e inferiores do ponto de vista moral. Entre eles, podemos destacar: os negros, os índios, os homossexuais, as mulheres e grupos religiosos minoritários.

O preconceito tem origem na própria criação humana quando os primatas excluíam do grupo os diferentes. Com o passar do tempo, isto só foi ganhando maiores proporções chegando ao ponto de violência e morte em alguns casos.

As atrocidades que mais se destacam são: O preconceito étnico e racial: nenhuma raça ou etnia é superior à outra. Todas contribuem com suas crenças, religiões e costumes. Fazem parte do conjunto universal que é humanidade; O preconceito em relação à opção sexual: homossexuais têm sido discriminados e subjugados em sua natureza ao longo dos séculos em nome de um falso pudor e moral. Em verdade, o homossexualismo é uma vertente presente até nos animais fazendo parte do contexto sexual normal. Além do que ninguém escolher ser heterossexual, homossexual, bissexual ou assexual. Trata-se de inclinação genética própria; preconceito de gênero: apesar dos avanços alcançados, a mulher é ainda desprestigiada em algumas coisas. No plano financeiro, sofre distinção salarial e às vezes é impedida de chegar a alguns cargos de chefia. No plano social, é exigido dela uma postura de mulher e mãe perfeitas enquanto o homem é mais liberado. No plano político, a sua participação ainda é tímida e não raro sofre violência familiar; O preconceito religioso: vivemos um grande problema de aversão religiosa. Os integrantes de ideologias dominantes muitas vezes massacram as minorias desrespeitando seus locais de culto, sua liberdade e chegando ao ponto até de matar.

Meu pai, Javé Deus, tem algo a comunicar. Ele vos chama irmãos para ser mais um, na luta contra esta intolerância. Devemos quebrar este círculo vicioso que se arrasta ao longo dos milênios e que faz injustiça com tantas pessoas. Diante de Deus somos todos iguais e o que destaca um indivíduo é sua inteligência, sabedoria, bondade e demais virtudes benéficas que compõem sua personalidade. Em resumo, o que importa é seu interior chamado carinhosamente de "Coração".

Sejamos uma pessoa do bem, livre deste mal que é o preconceito, amemo-nos uns aos outros sem reservas, pois aquele que julga seu irmão e o discrimina será tratado da mesma forma pelo pai. Cumprimos assim o maior mandamento dado por Javé.

A vida

O que falar sobre a vida? A vida é um dom maravilhoso e milagroso, pois torna real e palpáveis realidades anteriormente apenas imagináveis. Podemos observar e admirar essa obra do criador em tudo o que nos rodeia.

Por que vivemos? Vivemos para modificar o mundo, amar, crescer, evoluir e cooperar com o próximo. Cada um tem uma missão respectiva a cumprir e devemos estar atentos ao que o criador deseja para nossas vidas.

Entretanto, este projeto de amor do meu pai encontra-se ameaçado. Com o avanço científico e tecnológico, o homem tornou-se autossuficiente, ou seja, um falso Deus. Mesmo com todo o seu desenvolvimento, o homem não pode criar a mais simples das vidas muito menos controlar seu próprio destino. Precisa reconhecer sua pequenez diante da grandeza do criador e esforçar-se para agradá-lo e preservar o planeta. Cada um tem sua parcela de contribuição neste processo.

Portanto, escolha seu caminho e posição: você pode levar consigo e transmitir sonhos ou lamentações, tristeza ou alegria, vitória ou derrota, força ou fraqueza, otimismo ou pessimismo, trabalho ou inveja, amor ou ódio, fé ou descrença, enfim, luz ou trevas.

Quando chegar o tempo da colheita, colherás os frutos das árvores que você mesmo o plantou, pois, só se colhe o que planta. Javé Deus, meu pai, recolherá o trigo em seu celeiro e quanto á palha será cortada e jogada na escuridão onde haverá choro e ranger de dentes. Quem tiver ouvidos que ouça.

A liberdade

É a condição fundamental para a vida de qualquer ser vivo. É participar, interagir, sonhar e realizar. É escolher, participar e amar. Ser livre é ser feliz.

Contar-lhes-ei uma história de alguém que descobriu a condição fundamental da liberdade: era uma vez um pássaro o qual se encontrava há cerca de dois meses, preso em uma gaiola e era só tristeza (Encolhido e desolado já não cantava mais e seu olhar já não tinha mais brilho).

Sentia-se sozinho e sem ânimo para viver. Diariamente lembrava-se do tempo em que era livre: dos voos fantásticos e acrobáticos que praticava, da copa das árvores onde comia frutas, do azul do céu onde paquerava uma ave, do rio onde se banhava, enfim, do gosto de ser livre.

Um dia, porém, um fato inusitado aconteceu: apanharam outro irmão seu e o colocaram ao seu lado. Este, no entanto, logo que entrou no cativeiro pôs-se a bater contra a grade da gaiola e, de tanto insistir, conseguiu fugir. Vendo isto, despertou e ao tentar sair percebeu que as grades que o prendia eram suficientemente largas para que ele passasse. Na verdade, o que o deixava preso não era as grades em si e sim sua covardia e conformismo diante de injustiça da qual era vítima.

Ao sair da gaiola, aprendeu que para ser livre é necessário lutar e agir como o outro pássaro fez.

Esta é uma grande lição de moral para nós humanos: quantas vezes não nos aprisionamos em nossos próprios medos e desistimos de lutar por nossos direitos? Javé Deus busca o homem guerreiro, aquele que não se submete a ninguém e que é consciente de suas potencialidades, direitos e deveres. Mesmo diante de um desafio grande, não esmoreça. Mostre para o problema o tamanho do seu Deus e ele há de ajudá-lo, pois não há nada impossível para Jeová. Tenham mais fé, irmãos.

A solidariedade

A humanidade avança em direção ao eterno e um problema que pode ser notado é geralmente a falta de humanidade e solidariedade entre as pessoas. O egoísmo impera nos tempos modernos e a maioria não se importa se tem mendigos, menores de rua, doentes e órfãos carentes de ajuda.

A minoria que é solidária destaca-se no meio da multidão e é a categoria de atitude que Deus pai quer. Se possível, não negue ajuda a ninguém. Vá ao encontro do outro que necessita e o trate como irmão dando-lhe ou esmola, ou auxiliando-o de alguma forma. Porque a solidariedade não se resume apenas à caridade e sim um conjunto de atos que proporcionam conforto ao próximo. Exemplos disso são dar um emprego, um conselho, escutar, consolar e compreender a dor do irmão, acreditar no talento.

Além disso, informar-se sobre os problemas da comunidade e exigir das autoridades o cumprimento dos seus projetos e deveres ajuda a formar um ambiente social mais agradável e benéfico para todos. Este é o papel do verdadeiro cidadão.

Seja solidário e caridoso com seus semelhantes e com todos. Ajude sem esperar retribuição e o pai espiritual irá abençoá-lo. Certamente a paz e a felicidade caminharão ao seu lado todo o tempo que viver na terra e no reino prometido será acolhido com satisfação, pois só recebemos o que merecemos.

Humildade

Eis uma virtude de poucos: A humildade. A maioria dos humanos que habitam o planeta possui uma mania de grandeza e ganância insaciáveis. Para eles, o que interessa é o poder, o estatuto social, as aparências, a falsa moral, as convenções, a falsidade e a ilusão. A estes, meu pai tem um recado a dar: "Vermes, vasos de barro, vós ousais achar-se grande coisa e não temeis o futuro. Enquanto não se arrependerdes dos vossos pecados e colocares os pés no chão eu não vos apoiarei. Porque amo o simples o humilde, aquele que reconhece sua própria miséria diante do mistério da vida. A estes, eu entregarei o meu reino e meu amor".

O maior exemplo de Humildade foi dado por Jesus Cristo que apesar de ser rei veio para servir. Nisto consiste a humildade: descermos de nossa posição para servir quem está abaixo de nós sem se envergonhar disso.

É um estado do coração mais sublime e perfeito sendo qualidade necessária para evoluir e crescer na vida. De modo a atingi-lo, devemos livrar-nos dos sentimentos mesquinhos: O orgulho, a vaidade, a autossuficiência e a indiferença. Só assim poderemos ficar tranquilos e conscientes do que somos e do que podemos fazer. Consequentemente libera nosso espírito de um peso invisível: A máscara que impede os outros de conhecer o nosso verdadeiro "Eu", lição dada no livro "Eu sou", quinta saga da série "O vidente".

Simplicidade

O que é simplicidade? Podemos aprender o significado e a essência dela observando tudo o que nos rodeia. A fim disso, devemos nos desligar de nossos problemas e preocupações e concentrar-nos naquilo que a natureza tem de mais misterioso: O seu ritmo de vida.

A simplicidade das árvores que estendem sua ramaria possante até o céu produzindo a fotossíntese dando flor, fruto e sombra para os viajantes. A simplicidade dos pássaros em seus voos, reprodução, polinização e própria graça, a simplicidade das flores em sua variada beleza, enfim da natureza em geral. Encostar-se ao tronco duma árvore e sentir a circulação da seiva que é a vida; escutar e mergulhar no canto dos pássaros percebendo a melodia maravilhosa de suas canções; admirar as flores e concluir que tudo nasceu singelo, somos nós que distorcemos a realidade natural e também a nossa.

Temos que ter sempre esse olhar em tudo o que fizermos em nosso dia a dia e assim nos livraremos da incômoda rotina visual e auditiva que corrói a alma humana. Agindo assim, a simplicidade será algo natural para você, pois ela não é apenas um conceito e sim um modo de ver, sentir, agir e de ser.

O perdão

Alguém muito próximo te traiu, o enganou e o desprezou. É possível perdoar? É possível quando em quem você mais confia te armou uma cilada e te discriminou pelo seu modo de ser e ver o mundo?

Há um processo de pesar necessário para que se recupere do baque psicológico a que foi submetido. Entretanto, é necessário refletir e questionar-se. Tenho alguma culpa no que aconteceu? Será que não esperei demais do outro? É possível dar-se uma segunda oportunidade? Após essas ponderações, tudo ficará mais claro para você e terá um caminho a seguir.

O meu melhor conselho para quem passou por esta categoria de frustração é que dê tempo ao tempo. Como diz um velho ditado, o tempo cura tudo. Espere passar o momento da tempestade e da ira. Concentre seus esforços em dissipar da mente as emoções que fazem mal a você: O ódio, a vingança, o sentimento de culpa e a intolerância.

É importante lembrar que o rancor provocado pelo outro permanecerá até que decidas: A de apagar o fato (mesmo sem esquecê-lo) e de seguir sua vida (dar mais valor a si mesmo).

Perdão: este é o nome do alívio da sua consciência, é o que libertará seu coração de todos os pesares e sofrimentos. Perdoar é livrar-se do veneno e do fogo que consome sua confiança nos outros. Não é apenas uma atitude, é uma escolha de vida da alma, pois quem não perdoa também não tem créditos que mereçam o perdão de Deus. Porém, realmente está disposto a perdoar? A sinceridade consigo mesmo é o passo inicial para poder perdoar alguém.

Riqueza e pobreza

Os bens materiais de que você dispõe não representam garantia de felicidade nem muito menos de paz interior. São apenas resquícios desta vida terrena que proporcionam um maior conforto e bem-estar corporal.

Na verdade, a riqueza traz consigo uma grande responsabilidade: devemos utilizar corretamente o poder financeiro de modo que possamos beneficiar os excluídos (marginalizados socialmente), contribuindo assim para combater as desigualdades sociais. O contrário, A avareza, mantém o espírito humano afastado do pai espiritual e num plano inferior de desenvolvimento.

Devemos ter em mente que esta vida representa apenas uma fase e nada do que possuímos levamos. Os verdadeiros bens imortais são as nossas obras e valores: caridade, cooperação, trabalho, amigos, inteligência, honradez, dignidade, humildade, fidelidade, sensibilidade, etc.

Logo, as nossas ações em prol do bem é quem constrói pouco a pouco a verdadeira riqueza: A consciência da missão cumprida, uma riqueza que ninguém pode roubar ou contestar, pois, é eterna.

Quanto aos menos favorecidos, tenho um recado a dar: Deus não o vê desta maneira: pobre. Para ele, o que importa são as suas atitudes e valores independentes da condição financeira. Exemplo disso teve enviado seus dois filhos na pele de um carpinteiro e de um camponês, figuras da classe baixa.

Lembre-se do seu valor e não cobice os bens do rico nem tenha inveja. Todo o ouro dele não pode salvá-lo ou o libertar. Dê valor ao eterno e não ao efêmero.

Tenha consciência que no julgamento todos são iguais tendo que prestar contas ao criador de suas atitudes na terra.

A fé e a esperança.

São virtudes importantes para manter acesa a hipótese de vencer e progredir, de realizar sonhos. Todo projeto inicialmente representa apenas um desejo, um objetivo a ser alcançado. O passo seguinte é lutar para realizá-lo. Nesse momento, não se deve desistir ante os tropeços e obstáculos, mas recomeçar com ânimo e esperança.

Esperança é um alento para o espírito, é ansiar pela ajuda do destino, é reunir forças. Não falo da esperança passiva e sim a esperança galgada na ação, cooperação e organização. Quando alcançares esta fase, é preciso ter fé. Acreditar que tudo é possível, ter confiança. A fé é a qualidade que diferencia o vencedor do perdedor, o fiel do infiel, o crente do descrente, o tolo do insensato, o justo do injusto.

Ter fé é vislumbrar o futuro no presente, é sentir uma realidade invisível para os demais, é aceitar e participar do projeto do criador. A fé abre as portas da cura (do corpo e da alma), abala e remove os alicerces da descrença, liberta o espírito (da opressão maligna e das correntes de pensamento negativas).

Portanto, a fé e a esperança complementam-se e formam em nós uma força que transforma nossas vidas e nosso relacionamento com Deus.

A perseverança

A vida é feita de altos e baixos e no momento em que fracassamos é mais que necessários termos a força necessária para nos reerguemos. A virtude primordial para isso é a perseverança que se traduz na luta em meio às dificuldades impostas.

Ter também uma crença e um Deus como Oxalá faz toda a diferença. Fortalecido no campo espiritual, o homem pode vencer obstáculos e realizar o improvável. Outro fator importante é o apoio da família em todo o processo.

Portanto, amigos, nunca desistam dos seus sonhos e lutem por eles sempre. No tempo de Deus, o milagre realizar-se-á.

A sabedoria

A sabedoria é o mais importante dom divino, é luz para iluminar as trevas do entendimento, é o guia que leva a um caminho pleno de realizações. Sem ela, não somos nada, um vazio diante da grandeza da vida.

Por ela, os universos foram formados e modificados. O rei Salomão a desejou e através dela foi-lhe acrescentado muitos bens. É o princípio, meio e fim.

"Procure a sabedoria, peça a sabedoria, pois sem ela nada se constrói, nada progride".

Felicidade

Todos buscam a felicidade, a completa realização espiritual e material. Entretanto, nunca a alcançamos porque não estamos satisfeitos com o que temos. O homem é isso: quando consegue atingir um objetivo já parte para outro incessantemente. Às vezes, é frustrante saber que tudo o que foi construído resume-se numa palavra: fugaz.

O nosso cotidiano, as lutas, as preocupações, o medo, a vergonha, a reputação, as regras morais entre outros contribuem para esvaziar em nós o estado do bem-estar, da paz, da aceitação, da liberdade, de consciência, enfim, da nossa completa felicidade. Em suma, nesse mundo não existe o que pensamos ser "felicidade" e sim lapsos temporais e exíguos que nos levam às nuvens" e são esses momentos que fazem valer a pena viver.

Devemos cultivar e valorizar o que a vida tem de bom e aproveitar todo o tempo disponível com quem amamos, respeitamos e confiamos. Sempre que possível, praticar a arte do esvaziamento dos pensamentos e lembranças ruins, meditar e auto avaliar seus últimos atos corrigindo-os se necessário. Enfim, tentar sempre focar no lado bom das coisas e fazer do seu dia o melhor possível.

"Para ser feliz é preciso amar, renunciar, esquecer, libertar-se e encontrar a si mesmo."

O amor

O amor é a luz mais pura, as asas da felicidade, a realização plena das almas. É o encontro de forças, o sublime, o princípio criador. Amar é deixar-se levar pelo outro, confiar e não duvidar, lutar e não fugir, partilhar e não subtrair, vigiar e não cochilar, é viver e sonhar.

Tudo o que existe provêm do amor e sem ele nada faz sentido: por amor Deus criou o mundo e as criaturas, por amor a vida se mantém, por amor cristo permitiu ser crucificado, por amor todos anseiam, por amor buscamos o sentido da vida, por amor nascemos, vivemos e morremos. Ele está na boca dos poetas e dos amantes, num abraço, num gesto de carinho, no bater dos corações apaixonados, numa palavra amiga, num conselho, no colo de uma mãe.

Viver o amor é o caminho mais curto para compreender e entender o coração de Deus: O amor verdadeiro é aquele que não tem limites, quem o conhece pode entregar a própria vida pelo outro. O amor é mais forte que tudo: O ódio, o rancor, a inveja, a indiferença, a frigidez da alma. Com amor somos tudo, sem amor somos nada.

Virgindade

A questão da virgindade é uma questão cultural que com o passar do tempo foi perdendo importância. Hoje em dia ser antiquado é ser virgem num mundo onde a sexualidade cada vez mais ganha espaço e importância na vida das pessoas.

Numa opinião, penso ser boa a situação das pessoas virgens. A categoria de pureza que eu e meu pai apreciamos. Quem tem parceiro (a), cuida mais dos interesses do outro e de si próprio do que de Deus.

Entretanto, ter uma sexualidade sadia não é de forma algum pecado. O sexo não é pecado, pecado é o que fazemos com nossa sexualidade. O que Deus abomina é a prostituição, o adultério, a pedofilia, a zoofilia, o incesto e outras perversões sexuais. Portanto, irmãos, cuidem bem dos seus corpos, valorizem-se e respeitem a si mesmo, pois somos templo do espírito santo e Javé Deus ama os puros.

O desprezo

Irmãos, eu quero falar especificamente para você que muito sofreu e foi desprezado. O desprezo do outro pode ser o reflexo da rejeição num relacionamento, por sua condição social, por sua cor da pele, por sua opção política e sexual, por sua preferência nos esportes, por seu estatuto social ou até mesmo por um fracasso.

O desprezo gera uma dor sem tamanho, uma tristeza profunda que leva muitos ao desespero e até o suicídio por não alcançarem o que desejam ou por não serem aceites. Muitas vezes somos abandonados até pelos familiares.

A vocês todos que sofreram esta dor os quero dizer que temos alguém que realmente se importa conosco. O nome dele é Javé, Deus santo, que está disposto a compreender suas dores. Não importa o tamanho do seu problema. Deus pai há de consolá-lo e direcioná-lo para águas tranquilas, sua sede e preocupação será sanada. Temos o Deus vivo ao nosso lado e lutando com fé podemos virar o jogo: tomar um novo rumo e construir gradualmente o sucesso e a felicidade. Perseverem com fé, irmãos!

Escravidão

No passado, a escravidão reinou sobre a terra. Homens ditos superiores julgavam-se donos dos inferiores e lhe infligiam trabalhos e condições aviltantes. O escravo tinha um valor menor do que um animal. Esta situação perdurou por muito tempo no planeta.

Há pouco mais de um século, o último núcleo de escravidão foi extinto e então os homens podiam ser ditos iguais. Pelo menos em tese era isto o que devia acontecer. Contudo, haverá sempre uma distância entre a elite e a classe baixa com as melhores oportunidades destinadas à primeira classe de pessoas. É o que se chama divisão socioeconômica. Há ainda outras divisões a exemplo da de gênero, política, raça e opção sexual.

A escravidão propriamente dita foi uma página negra de violência e intolerância da história humana, mas também é preocupante outra categoria de escravidão a que os homens estão submetidos. Estou falando da escravidão do pecado, jugo que a maioria carrega durante toda a sua vida.

Jesus veio a terra para desprezar e abolir o pecado. Por nós, entregou-se na cruz. Cumpriu-se assim a profecia de que com sangue fomos limpos e regenerados. Entretanto, de nada adiantará este sacrifício se você não tomar a firme decisão de abolir a sua própria treva e isto é possível através dum esforço pessoal de seguir os principais mandamentos dados a Moisés e esclarecidos pelo próprio cristo. Devemos ser santos como o pai é santo e para isso não existe meio-termo, ou você é, ou não é. Portanto, decida-se e venha fazer parte do reino dos céus. Ele está aberto a todo homem e mulher que se entrega corpo e alma às causas divinas. Tenham fé, irmãos, Deus acredita em vós.

Olho por olho, dente por dente.

O tempo antigo era um tempo de intolerância e de muita ignorância. A lei que valia era a do mais forte e a máxima que predominava era a da retribuição, ou seja, pagar o bem pelo bem e mal pelo mal. Há inúmeros exemplos bíblicos desta prática e geralmente o que acontecia era que violência gerava mais violência deturpando o desejo de Javé.

A vinda de Jesus na Terra foi um marco e uma das coisas que ele ensinou foi que nunca se deve pagar o mal com o mal. Ao contrário, se alguém te bate num lado ofereça o outro; se o inimigo te persegue reze por ele porque se você só faz bem a quem te faz bem que galardão teria? Os pagãos também não fazem isso? Faça como o pai santo que dá chuva e sol em abundância para bons e maus e assim se tornarás filho dele. Agindo desta forma você evoluirá definitivamente rumo ao reino do pai.

O valor dos sonhos

Os sonhos têm valor profético e mostram caminhos ao ser humano, pois é agora que as forças do bem podem comunicar-se com ele. Quando bem interpretados, eles dão pistas e esclarecem fatos relevantes e importantes para nossa evolução.

Entretanto, um sonho é apenas um sonho, ou seja, apenas um sinal. Devemos agir no presente tomando atitudes concretas para que de fato nossas pretensões tornem-se realidade. O sucesso vem de uma boa integração entre planejamento-trabalho e prática das boas ações.

Outra recomendação é que tomemos cuidado e não nos precipitemos. Um exemplo é não revelar nossos sonhos e projetos aos outros antes que se concretizem. Caso faça isso você será considerado um tolo e rirão de sua pretensão. Portanto, dê tempo ao tempo e trabalhe em seus objetivos que mais cedo ou mais tarde Javé Deus, meu pai, irá abençoá-los. No mais, agradeça ao Senhor pelos sonhos e pelo alento que lhe dá diariamente. Nunca desista de si mesmo ou de seus desejos! Use os elementos certos e torne-se um vencedor. Boa sorte a todos.

Do perigo de morte a vendido como escravo.

José, filho de Jacó, devido aos seus sonhos e pelo fato de ser querido pelo pai era invejado pelos outros irmãos. Em certa oportunidade foi enviado pelo seu pai de modo a encontrar seus irmãos no campo onde apascentavam o rebanho. Ao chegar junto dos mesmos, os outros aproveitaram e deram vazão a sua ira. Jogaram o rapaz num poço sem fundo e depois o venderam a estrangeiros que iam em direção ao Egito. Apesar da desgraça da separação do pai, Deus o livrou da morte através de seu irmão Ruben que convenceu os outros a não o matar. Isto ocorreu pela predileção especial e graça que tinha junto ao meu Deus dos exércitos. O justo sempre sobrevive.

O exemplo de José leva-nos a refletir sobre as relações familiares e as implicações da mesma. A família, que para a maioria é um ponto de apoio, para o menino José foi sua perdição devido à inveja que sentiam dele. Este verme maldito da inveja é o que tem destruído milhões de famílias. Muitos se deixam levar pela sua própria mesquinhez e em vez de trabalharem para si mesmos preferem prejudicar e destruir a vida dos outros. Aqueles que agem desta forma não tem o seu nome escrito no livro da vida e no tempo devido receberão a recompensa justa pelos seus pecados. Tenham consciência, irmãos, o mundo dá muitas voltas e a ira e o ódio que você destilar hoje se voltará contra vós mais cedo ou mais tarde. Arrependam-se e sejam a semente boa que germina e dá bons frutos ao dono do trigal. Venha fazer parte do meu reino e do meu pai através de atitudes sinceras e benéficas.

Javé está com o justo.

"Javé é o meu pastor. Nada me falta. Em verdes pastagens me faz repousar; para fontes tranquilas me conduz, e restaura minhas forças. Ele me guia por bons caminhos, devido ao seu nome. Embora eu caminhe por um vale tenebroso, nenhum mal temerei, pois, junto a mim, estás; teu bastão e teu cajado me deixam tranquilo. Diante de mim, preparas a mesa, à frente dos meus opressores; unges minha cabeça com óleo, e minha taça transborda. Sim, felicidade e amor me acompanham todos os dias da minha vida. Minha morada é a casa de Javé, por dias sem fim." (Salmo 23(22)

Este magnífico texto e o exemplo de José, filho de Jacó, que fora sequestrado para o Egito, acusado de perversão sexual diante da mulher do amo, preso injustamente e mesmo assim Javé continua ao seu lado o abençoando em tudo nos mostram uma realidade simplesmente fantástica. Javé Deus não é como o humano que se deixa levar pelas aparências, ele vê tudo e está sempre ao lado do humilde e bondoso de coração. Independentemente de onde o justo estiver, ele estará o guiando e o fortalecendo dando-lhe a mão amiga e a bênção. Nada há de acontecer com o justo mesmo que os perigos sejam imensos e sou testemunha disso. Vivi uma noite escura simplesmente perversa que quase me carregou ao fundo do poço. No entanto, Javé Deus acreditou em mim e arrancou-me das garras do inferno levando-me a uma vida plena e é isto que ele quer fazer também com você, irmão.

Como será isso? Basta ao ser humano entregar completamente sua causa ao meu pai e cuidar das ovelhas. Ajudando o próximo, encontraremos o nosso próprio caminho rumo ao seio do pai. Teremos a certeza de sua compreensão e amor infinitos e, embora fracassemos, ele nos reergue completamente. Repita comigo leitor: "Ainda que eu caminhe pelo vale da sombra da morte, nenhum mal temerei, pois, junto a mim, estás". Glória ao pai!

O justo sabe discernir a mensagem de Javé.

José, filho de Jacó, cresceu em sabedoria e santidade. Sua habilidade mais especial era decifrar sonhos e através deste dom especial ajudou o padeiro real e após o próprio faraó. Devido a isto ganhou o cargo de administrador do palácio real, segundo cargo mais importante do país.

Este exemplo nos mostra o quanto justo é preparado e abençoado por Deus. Conhecendo a Javé, ele tem um claro discernimento sobre os segredos mais escondidos o que o faz ficar entre os grandes. Portanto, entregue sua causa ao pai e ele te guiará por caminhos tortuosos, mas que no final convergem para o sucesso e a felicidade assim como fez com José.

Deus reverte os papéis

Houve uma fome em toda terra. Então os irmãos de José foram ao Egito comprar mantimentos. Logo que chegaram lá, encontraram José, mas não o reconheceram. José aproveitou a situação para acusá-los de espionagem e como tinha esta autoridade seus irmãos foram presos. Três dias depois, teve dó deles e os liberou com mantimentos e dinheiro.

Este exemplo bíblico nos mostra o quanto a vida dá voltas e reverte os papéis. José, antes humilhado e escravizado pelos irmãos, é senhor das provisões no Egito onde seus parentes vão buscar víveres. De servo a senhor é a sua transformação e este milagre pode acontecer com você, irmão, pois temos um Deus do impossível.

Conclusão da história.

Massacrado, humilhado e escravizado pelos irmãos, José ainda conseguiu perdoá-los e trazê-los junto a si de modo a salvá-los da carestia e da fome. Reencontrou seu Pai Jacó o qual pensava estar morto e sua alegria foi completa.

Aí está o claro exemplo da importância do núcleo familiar embora muitas vezes ela seja algoz de nossa própria vida. Tudo fora permitido por Deus visando um bem maior e ao final tudo deu certo. A família terminou reunida e salva.

Um rei do céu e da Terra

Existem três governos conhecidos: um terrestre feito por humanos, um infernal feito por entidades caídas e um celeste feito pelas forças da luz. Em todos os casos, nada há de acontecer sem a permissão do pai, pois Deus é soberano em todas as dimensões.

Javé é o princípio, meio e fim de tudo que existe e o que foi feito e continuamente transformado é por sua honra e Glória. Javé é o Deus de Abraão, Isaac, Jacó, Jesus Cristo, Moisés, Maomé, Francisco Xavier, Mahatma Gandhi, Sidarta Gautama, Nelson Mandela, Martin Luther King, Dos terreiros, dos índios, do vidente e de todas as denominações, pois ele é um todo. Quem pensa que Javé é um Deus de uma religião só se revela egoísta e não tem conhecimento de sua consistência. Embora muitas vezes as religiões apresentem conceitos e dogmas divergentes um ponto de encontro entre elas é a busca de Deus e da evolução contínua inerente ao ser humano. O respeito deve ser sempre cultuado entre os divergentes para manter a paz. Meu pai celestial sonha com um dia em que todos os homens caminhem juntos e sejam um só povo e um só coração e isto será possível na criação com a vinda de cristo ressuscitado. Nele e em mim o mundo terá a felicidade e a paz.

"Eis que vejo uma grande multidão em procissão com vestes brancas, portando velas, cruzes e um sinal de sangue. O seu número é incontável. A multidão conflui como rio de águas largas que irriga o jardim sagrado. Nele há um trono presidido por Javé e seu filhos. Entre os servos estão anjos, santos, homens comuns redimidos, extraterrestres leais e forças criadoras do bem. Juntos são os justos os quais tem o nome escrito no livro da vida. Este será um tempo de paz, prosperidade e felicidade na terra nunca dantes visto. Será daqui a um tempo e meio quando o pecado humano chegar ao máximo. Agora, Deus e seus santos servos agirão e farão a separação entre o trigo e o joio. O trigo será recolhido e tratado em seu celeiro e comporá o seu reino eterno enquanto o joio será quebrado, jogado e eternamente queimado no rio de fogo onde estão a besta do apocalipse, o falso profeta, a antiga serpente e as forças do mal em geral. Aí haverá choro e ranger de dentes devido à sua rebeldia e escolha de deserção proporcionada pelo livre arbítrio. Porque meu pai amou tanto o universo que deixou os seres livres para escolherem seu próprio caminho e se sofrem ou fracassam foi por conta das consequências de seus erros. Bendito seja Javé, meu pai, O Deus do impossível que ressuscitou um pequeno camponês das brenhas de Pernambuco".

Javé, O Deus que livrou Israel da escravidão.

"Durante séculos meu povo foi ultrajado, massacrado e humilhado pelos egípcios. Eu sou Javé e não admito este tratamento a nenhum povo, pois para mim todos são iguais. O clamor dos descendentes de Israel, meu servo, acenderam minha ira e então agi com minhas obras e prodígios diante de todos. Com mão forte, libertei os Israelitas e mostrei quem eu sou. Nenhum homem pode me desafiar e sair ileso como o Faraó fez. Por isto, o feri e todo seu povo, tendo como praga final a morte de todos os primogênitos de sua raça. Ainda uma vez endureci seu coração, meu povo foi perseguido e mais uma vez mostrei minha glória. Fiz meus filhos atravessarem o mar vermelho a pé enxuto e quando os infiéis tentaram alcançá-los fechei o mar e dei-lhes o pago que mereceram, pois, eu Sou Javé e ninguém é igual a mim".

Esta passagem breve da palavra de Deus mostra um pouco da sua personalidade e da minha. Pai e filho os quais buscam a integração e remissão do ser humano. Atualmente, com o avanço da civilização sinto uma humanidade cada vez mais distante do meu pai e uma das minhas missões é reatar esta relação através das minhas palavras. Desta forma, aqueles que crerem nos prodígios de Javé descritos na Bíblia antiga se sentirão inspirados a uma reflexão profunda de seus próprios valores e descobrirão a Javé, este Deus maravilhoso capaz de tudo pela humanidade. Creiam em si mesmos e em Deus e o impossível tornar-se-á possível. Amém!

Os mandamentos da antiga e nova aliança.

Eis os mandamentos de Javé em toda sua profundidade:

1. Amar a Deus sobre todas as coisas, a si mesmo e aos outros.
2. Não ter ídolos terrestres ou celestes, Javé é o único digno de adoração.
3. Não pronunciar o santo nome de Deus em vão ou tentá-lo; também não atormentar aqueles que já se foram os invocando.
4. Reservar pelo menos um dia da semana para o descanso, preferencialmente no sábado.
5. Honrar pai, mãe e familiares.
6. Não matar, não ferir o próximo fisicamente ou verbalmente.
7. Não adulterar, não praticar a pedofilia, a zoofilia, o incesto e outras perversões sexuais.
8. Não roubar, não trapacear no jogo ou na vida.
9. Não dê falso testemunho, calúnia, difamação, não minta.
10. Não cobice ou inveje os bens do próximo. Trabalhe para alcançar seus próprios objetivos.
11. Seja simples e humilde.
12. Pratique a honradez, a dignidade e a lealdade.
13. Nas relações familiares, sociais e de trabalho seja sempre responsável, eficiente e assíduo.
14. Evite esportes violentos e o vício no jogo.
15. Não consuma nenhuma categoria de droga.
16. Não aproveite de sua posição para derramar sua frustração no outro. Respeite o subordinado e o superior em suas relações.

17. Não tenha preconceito com ninguém, aceite o diferente e seja mais tolerante.
18. Não julgue e não será julgado.
19. Não calunie e dê mais valor a uma amizade, pois se age assim as pessoas vão afastar-se de você.
20. Não deseje o mal do próximo nem queira fazer justiça com as próprias mãos. Existem os órgãos próprios para isso.
21. Não procure o diabo para consultar o futuro ou fazer trabalhos contra o próximo. Lembre-se que para tudo existe um preço.
22. Saiba perdoar, pois, quem não perdoa o próximo não merece o perdão de Deus.
23. Pratique a caridade, pois ela redime os pecados.
24. Ajude ou conforte os doentes e desesperados.
25. Reze diariamente por você, sua família e pelos outros.
26. Permaneça com fé e esperança em Javé independentemente da situação.
27. Divida seu tempo entre trabalho, lazer e família proporcionalmente.
28. Trabalhe para ser merecedor do sucesso e felicidade.
29. Não queira ser um Deus extrapolando seus limites.
30. Pratique sempre a justiça e a misericórdia.

A essência de Javé

Inúmeras vezes as religiões utilizaram-se do nome santo de Javé para espalhar violência e crueldade na Terra. Eu, como filho de Deus, vos declaro: tudo isto foi uma farsa. Eu e meu pai em nossa consistência espiritual nunca apoiamos a perversão ou violência em nome de quem quer que seja.

Estes falsos profetas que derramaram sangue por suas causas serão julgados pela ira divina de acordo com o peso dos seus pecados. Javé Deus é o Deus da vida e não da morte. É o Deus de amor e não do ódio, é o Deus da compreensão e não do julgamento. Portanto, irmãos saibam discernir quando o projeto é do homem ou de Deus.

A questão do santuário

Disse Jesus: Onde dois ou mais estiverem reunidos em meu nome, eu estarei no meio deles. Javé Deus vê de bom grado que os fiéis de suas Igrejas se reúnam em local próprio com respeito e adoração. Entretanto, é bom deixar bastante claro o sentido e o cerne de nossa fé. Javé Deus é espírito e de forma alguma habita em instalações humanas. Também não está fixo no céu como muitos pensam. Javé Deus habita nos corações dos humanos puros e bondosos. Portanto, a Igreja somos nós e devemos agir de acordo com esta responsabilidade. Devemos manter a pureza do corpo e do espírito e isto só é possível com grande dedicação e execução dos seus mandamentos no total de trinta listados neste livro além dos conceitos abrangentes. Agindo assim, seremos verdadeiramente filhos do pai celeste.

O puro e o impuro

Foi dito aos antigos que comer certa categoria de carne seria impuro. Quando da vinda de Jesus tudo ficou esclarecido na seguinte frase: "O que faz mal ao homem não é o que ele come e sim o que sai dele como as blasfêmias, insultos e agressões". Reitero esta passagem e digo que a não ser veneno o que comemos não faz mal nenhum a nossa alma ou corpo, pois vem de fora para dentro. Já o que sai da boca é o que leva à sua perdição e devemos ter toda atenção a esta categoria de pecado.

Se o teu braço leva você ao pecado, jogue-o fora; se quem te leva ao pecado é o olho, arranque-o fora; se o pecado estiver na língua, retire-a, pois, é muito melhor entrar na vida eterna sem um dos membros do que todo seu corpo ser jogado no inferno.

Isto dito acima se trata da evolução de forma que o homem tem que cuidar dos seus defeitos exterminando-os a todo custo. Não é para interpretar literalmente e sim analogicamente após erros e acertos.

A compreensão

A compreensão é uma grande virtude inerente aos sábios e os justos. Ela afaga o coração e proporciona tranquilidade a meio a tempestades. O contrário, a incompreensão, amargura a alma e provoca discórdia.

Aliada a compreensão, a aceitação nossa diante da família e comunidade proporciona o ambiente perfeito para o sucesso e a felicidade. Portanto, nunca despreze ninguém ou o julgue, exercite a compreensão e se possível ajude com algum conselho. Porém, não queira exercer sua suprema vontade sobre o outro, pois todos são iguais e livres para exercer suas próprias escolhas.

A prudência

A prudência é essencial para qualquer projeto. Agindo com cautela, evitamos problemas e perigos pertinentes a quem age com ansiedade. Usando dos elementos certos, somos capazes de fazer nossas obras frutificarem e avançarem em todos os sentidos. Portanto, pensem bem e não se precipitem irmãos.

Como conviver em sociedade

Todos fazemos parte de algo. Nascemos uma família. Moramos em um bairro, em um povoado, vila ou sítio. Por sua vez, pertencem a uma cidade, a um estado e país. Temos o seguinte a debater: como cidadãos, temos por obrigação cumprir as regras sociais impostas a todos, trabalhar e cultivar valores idôneos e inimputáveis. Estes são os deveres. Temos também o direito a uma vida digna com saúde e respeito por parte de todos e é neste ponto que quero chegar.

Como seres humanos, somos plenamente livres para exercer nossas escolhas e opções sejam elas políticas, religiosas, étnicas, em relação à sexualidade e autonomia financeira. Devemos impor nossas decisões e não aceitar represálias de quem quer que seja. Também não se importe com comentários maldosos ou boatos sobre sua vida pessoal, pois esta só importa a você mesmo. Para aqueles que infringirem os limites da razoabilidade responda com suas armas nos órgãos responsáveis. Não tenha medo quando for o dono da razão e nem se submeta a pressões. Seja consciente do seu papel numa sociedade democrática e lembre-se de sua condição de filho do pai.

Enfrentando os problemas

O homem desde sempre é o arquiteto da vida: Planeja, elabora e realiza seus projetos. Aqueles que cumprem estas etapas perfeitamente alcançam como consequência o sucesso de suas obras. E quando algo dá errado? Quando perdemos o eixo e fracassamos? Há coisas a ponderar.

Em primeiro lugar, o fracasso é uma ótima oportunidade de estudo e análise. Temos que verificar todos os procedimentos anteriores e identificar os erros e acertos. Cientes dos erros do projeto, podemos elaborar um segundo plano com as correções necessárias. Se der errado novamente, faz-se necessário um novo planejamento com o desenho de novas ações até dar certo. É algo como cair duma bicicleta algumas vezes e de tanto cair conseguimos finalmente alcançar o equilíbrio sendo este conselho aplicável nos mais variados contextos humanos.

Há inúmeros exemplos de empresários, jogadores profissionais, políticos, artistas de cinema e televisão que só alcançaram o sucesso depois de muitas tentativas. O que não se pode fazer é desistir de um sonho. Temos que permanecer com fé, seguir e esperar a bênção de Deus para abrir nossos caminhos, pois ele é pai.

Por que sofremos?

A vida é uma grande seara dicotômica de pessoas: os que estão felizes em sua condição e aqueles que sofrem. Vem então as perguntas: por que há pessoas infelizes no mundo? Qual o segredo dos ditos realizados?

Primeiramente, a superstição a que muitos atribuem seu fracasso ao destino ou a Deus não tem sentido por dois fatores: grande parte do destino somos nós quem construímos com nossas atitudes do dia a dia com Javé Deus trabalhando para o engrandecimento e felicidade de todos sem distinção. Por conclusão, abandonemos essas falsas crenças.

Felicidade ou fracasso é o resultado de uma gama de fatores que se colocam prioritariamente em nossas mãos. Tudo o que você faz hoje mais cedo ou mais tarde repercute positiva, ou negativamente em sua vida e na do próximo. Portanto, se sofremos hoje isso é consequência do que fizemos ontem. No entanto, não há motivo para desespero.

Faça uma reflexão mental, analise sua situação e converse com amigos e familiares. Tente achar um ponto de apoio e uma saída possível (Ela sempre existe). Passado esta etapa, planeje bem seus próximos passos corretivos e coloque suas mãos à obra. Com a ajuda de javé, estará construindo seu futuro e com os elementos certos será mais pleno e feliz que o presente. Mais uma vez, o maior responsável de tudo isso será você mesmo. Uma boa sorte a todos os leitores em seus projetos.

A verdadeira adoração

Adorar é uma palavra forte e com bastantes significados. No sentido mais literal, da questão religiosa, explicar-lhes-ei seu verdadeiro significado. Javé, como meu pai, e seus filhos santos não dependem de glória ou adoração humanas. Eles têm vida por si mesmo, pois são onipresentes, onisicentes e onipotentes. Cabe, portanto, fazermos a adoração frutificar da maneira certa.

A verdadeira adoração pelo pai deve ser demonstrada pelo profundo respeito e amor às coisas que ele criou. O homem como o centro da criação deve ser o centro principal de nossas atenções. Devemos cuidar do próximo com carinho e a devoção necessárias. Se seu irmão está ao relento e com fome, leve comida, bebida e agasalho para ele. Se seu irmão está doente, preso numa cama de hospital, não desgrude dele e atenda todas suas necessidades. Se seu irmão está preso, visite-o e conforte-o. Se seu irmão for expulso de casa e está sozinho, proporcione-lhe abrigo. Se ainda precisar de um conselho ou incentivo faça-o com sinceridade. Enfim, são inúmeras as situações em que seu calor humano e caridade podem agir. Então lembre-se sempre. De nada adiantará você ficar em sua Igreja rezando pelo bem do próximo enquanto o outro sofre, pois, as obras demonstram-se com atos que mudem verdadeiramente a situação do outro. Faça o bem sempre a todo que encontrar.

Deus nunca nos abandona

Muitas pessoas atropeladas pelos problemas da vida acabam que perdendo a fé em Deus, em si mesmo e nos outros. São comuns as frases vindas destas pessoas: "Deus não me ama" ou "Deus me abandonou". No entanto, esta crença não passa de uma impressão falsa.

Javé Deus é um ser maravilhoso e mesmo muitas vezes o homem pecando-o não se separa dele. Ele está sempre ali, ao lado, através das pessoas e invisivelmente nos consolidando e reabilitando. É tudo uma questão de ponto de vista.

Devemos parar de culpar o outro pelos nossos erros, fazer uma retomada de vida e buscar em Deus a força necessária para seguir. Só assim alcançaremos a felicidade tão desejada.

Como alcançar o sucesso

O sucesso é algo muito bom e que provoca inveja na maioria das pessoas que fracassam. Mas qual o segredo dele? Como abrir, manter um empreendimento e prosperar? Há alguns pontos importantes a considerar.

O empreendedor precisa reunir os seguintes elementos: planejamento, foco, pessoal competente, uma boa administração, ambição e fé em Deus. Cada 'item' deste se bem trabalhado pode dar uma boa base de sustentação ao negócio e fazê-lo dar bons frutos. No mais, é só seguir trabalhando com dignidade que Javé Deus há de abençoar.

"Seja como um barco de papel em alto mar: deixe que o dedo de Deus o conduza".

A confiança

Aproveito este tópico para aconselhar os meus irmãos em relação à questão da confiança. Primeiramente, analise bem e conheça bem os que estão ao seu redor antes de entregar-lhe sua confiança, pois uma vez quebrada é um ponto de discórdia e de tristeza profunda.

Saiba escolher seus amigos, não se junte ao caluniador, ao caluniador nem ao falso, pois mesmo parecendo confiáveis eles esperam a menor oportunidade para despejar sua maldade e irão magoá-lo. Não seja ingênuo a ponto de confiar em todo mundo, ou melhor, não confie em ninguém da Terra. Saiba entregar suas dores ao pai e seus filhos, pois são aqueles que verdadeiramente o amam sem uma segunda intenção.

"Confiança e ingenuidade combinados proporcionam uma decepção maior".

A cegueira

Uma grande virtude que pertence a poucos é saber discernir entre o bem e o mal e conhecer as pessoas. Vendo como as pessoas são, a probabilidade de sofrer por causa delas é bem menor.

Quanto ao grupo que não tem esta capacidade, são mais vulneráveis às paixões e os amores que machucam a alma. Chamo este problema de "Cegueira da alma". De modo a curar esta cegueira, a experiência de vida é uma boa aliada. Calejado pelas dores, temos uma visão mais ampla do mundo e das pessoas o que ajuda a não cometer os mesmos erros de outrora. Podemos então seguir e sermos felizes.

"As pessoas só enxergam aquilo que querem".

Ser autor da própria história.

A vida é um grande palco em que somos os atores principais. De modo a alcançar o sucesso e a felicidade, precisamos estar preparados e equipados com as ferramentas certas.

O principal disto é ter a mentalidade de que somos especiais e importantes e de nossos atos é que vão resultar as consequências seguintes. Precisamos ser autores de nossa própria história e não fazer sempre o papel de vítima reclamando de Deus ou do destino. Temos que ser ativos e não passivos na vida. Agindo assim, colheremos os frutos devidos nossas obras mais cedo ou mais tarde.

"Se você fizer sempre o papel de vítima nunca deixará de ser pisado".

Final

www.ingramcontent.com/pod-product-compliance
Lightning Source LLC
LaVergne TN
LVHW020440080526
838202LV00055B/5287